Nele Moost · Annet Rudolph

Geschichten vom kleinen Raben Socke

© 2005 Esslinger Verlag J.F. Schreiber
Anschrift: Postfach 10 03 25, 73703 Esslingen
www.esslinger-verlag.de
Alle Rechte vorbehalten
ISBN 3-480-22126-2

Der kleine Rabe Socke und Eddi-Bär zanken:

„Ich kann mit dem Dreirad ganz superschnell im Kreis fahren", brummt Eddi-Bär und rückt seinen Helm gerade.

„Ist das alles?", krächzt Socke. „Ich kann einen Looping fliegen."

„Kann ich auch",
behauptet Eddi-Bär.
„Kannste nicht!"
„Wetten, dass",
brummt Eddi-Bär.
„Wie denn, du Angeber?"
„Ich düse am Baumstamm hoch,
kopfüber am Ast lang und schwupps
wieder runter."
„Pfh", Socke tippt sich mit
dem Flügel an den Kopf.
„Das möchte ich sehen."

Eddi-Bär nimmt mächtig
Anlauf.
Der kleine Rabe feuert
ihn an: „Eddi, Eddi. Ja,
mach die Todesspirale."

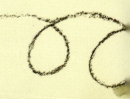

Aber, oje, Eddi-Bär donnert gegen den Baumstamm und fällt mächtig auf die Nase.
„Aua!", weint er, „auaaahh!"
„Au weia", denkt Socke, „das habe ich aber nicht gewollt."

„Hilfe, Hilfe", ruft er. „Ein Unfall. Eddi muss gerettet werden. Hilfeee!"
Der kleine Rabe macht so ein Mordsgeschrei, dass gleich alle angelaufen kommen.

„Oh, tut's weh?", fragt der Dachs.
„Armer Eddi", ruft Stulle und das Schaf kneift die Augen zu: „Iih, da kann ich gar nicht hingucken."

„Jetzt steht nicht
rum und glotzt",
wettert Socke.
„Tut doch was.
Wir müssen Eddi-Bär
trösten."
Da beeilen sich die Freunde
und laufen los.

Der Hase bringt ein großes
Tuch zum Verbinden und
der kleine Dachs holt
zwei dicke Pflaster.

Dann kommt die Maus und schleppt drei ganz leckere Kekse herbei. Socke hilft natürlich auch hier wieder gerne und probiert erst mal einen.
„Okay, Eddi", schmatzt er und schluckt den letzten Bissen runter, „die schmecken. Die kannste essen."

Stulle kommt mit vier weichen Kissen angesaust. „Ich teste mal, ob die auch bequem sind", sagt Socke gleich, schnappt sich eins und macht es sich darauf gemütlich.

„Hier", sagt das Schaf und gibt Eddi-Bär fünf bunte Lollis. „Das sind die mit Sahne-Geschmack, die magst du doch so gerne."

„Ähm, wenn dir der Arm weh tut, Eddi", bietet Socke an, „dann kann ich dir helfen und die Lollis mal halten."

„Nö, nicht nötig", brummt Eddi-Bär.
„Mir geht es schon viel besser. Tut gar nicht mehr weh. Danke, dass ihr mir alle geholfen habt."
„Wieso alle?", fragt der Hase. „Der kleine Rabe hat doch überhaupt nichts gemacht?"

„Ja, genau", findet auch Stulle. „Du hast doch nur auf meinen Kissen gesessen und Kekse gegessen."
„Bei dir piept's ja wohl", schimpft Socke. „Ich habe besonders schwer geschuftet."

„So? Was hast du denn geholt?", will der Hase wissen.
„Na, das Allerwichtigste", erklärt der kleine Rabe stolz. „Ich habe fünf liebe Freunde zum Trösten besorgt. Im Trösten bin ich nämlich erste Sahne."

„Mmh, erste Sahne, das stimmt",
brummt Eddi-Bär und lutscht an
seinem Lolli.
Und dann teilt er die restlichen Kekse
und Lollis mit dem kleinen Raben und
seinen Freunden.

Kennst du auch die anderen Geschichten aus dieser Reihe:

Alles in Ordnung! oder Socke macht alles bunt
Alles Urlaub! oder Socke will auch verreisen
Alles verwünscht! oder Sockes Überraschungs-Geburtstag
Alles gemerkt! oder Socke ist echt schlau
Alles gelernt! oder Socke will auch in die Schule

Vom kleinen Raben Socke und seinen Freunden gibt es
auch tolle große Bilderbücher und Spielbücher,
alle bei Esslinger erschienen:

Alles meins! oder 10 Tricks, wie man alles kriegen kann
Alles erlaubt? oder Immer brav sein – das schafft keiner!
Alles wieder gut! oder Wie der kleine Rabe zu seinem
Namen kommt
Alles echt wahr! oder Rabenstarke Schwindeleien
für alle Gelegenheiten
Alles verzankt! und ruck-zuck wieder vertragen
Komm, wir malen, kleiner Rabe! (Mal- und Beschäftigungsbuch)
Komm, wir raten, kleiner Rabe! (Rätsel- und Beschäftigungsbuch)
Komm, wir spielen, kleiner Rabe! (Spiel- und Beschäftigungsbuch)
Spielen, Malen, Raten! (Spiel- und Beschäftigungsbuch)

Rabenstarke Geschenkartikel und Accessoires sind in
der Edition Wundersam erhältlich.